Stufe 2

LeseLernWissen

# Im Dschungel

Denise Ryan

Xenos

# Inhalt

Dschungel sind dicht bewachsene, warme und feuchte Wälder. In ihnen leben bunte Vögel, Affen, fleischfressende Pflanzen und viele mehr.

# In den Bäumen

Viele Dschungeltiere leben in den Bäumen. Sie schreien, rufen, zwitschern oder singen, während sie sich durchs Geäst bewegen.

Kannst du die Affen finden? Entdeckst du die Aras ? Weißt du, wo der Tukan und der Quetzal sitzen?

# Am Boden

Auf diesem toten, am Boden liegenden Baum wachsen Moos und Pilze. Kleine Tiere ernähren sich von den Pflanzen.

Ameisen
Setzling
Pilz

# Fleischfressende Pflanzen

Einige Dschungelpflanzen fressen Insekten. Sie fangen die Tiere mit ihren klebrigen Blättern und Härchen. Wenn die Insekten tot sind, verspeist die Pflanze sie.

Venusfliegenfalle

Kaulquappe vom
Baumsteigerfrosch
Stummelfüßer
Krokodilschleiche
Ameise
Schnecke

# Pflanzen-wohnung

Bromelien wachsen in den Bäumen des Dschungels. Wenn es regnet, füllen sich ihre schalenförmigen Blätter mit Wasser. Das lockt verschiedene Tiere an.

Wie viele Tiere leben in dieser Bromelie?

# Farbwechsel

Wenn sie schlüpfen, sind grüne Baumpythons gelb oder braun. Die ausgewachsenen Schlangen werden grün.

Baumpythons leben in Nordaustralien und Neuguinea.

# Urwaldvögel

In den Urwäldern Südamerikas leben viele bunte Vögel. Durch die dichte Blätterdecke dringt nur wenig Sonnenlicht, so dass die Vögel oft schwer zu erkennen sind.

Arassari
Harpyie
Trogon

# Kein Entkommen

Harpyien fliegen im Sturzflug auf die Affen in den Bäumen zu. Sie ergreifen die Beute mit ihren scharfen Klauen .

Der überraschte Brüllaffe kann der Harpyie nicht entkommen.

Die Füße des Greifvogels
sind so groß wie
Männerhände.

# Farbenpracht

Die farbenprächtigen Paradiesvögel leben in den Urwäldern von Neuguinea.

Die Männchen haben lange, prächtige Federn. Sie führen einen Tanz auf, um die Weibchen anzulocken.

# Von Baum zu Baum

Affen leben in Urwäldern in Afrika, Asien und Amerika. Die südamerikanischen Klammeraffen hangeln sich mithilfe ihrer Schwänze von Baum zu Baum.

Die Affen fressen Früchte, die sie in den Bäumen pflücken.

Das Klammeraffenbaby schlingt den Schwanz ganz fest um seine Mutter. So kann es nicht herunterfallen!

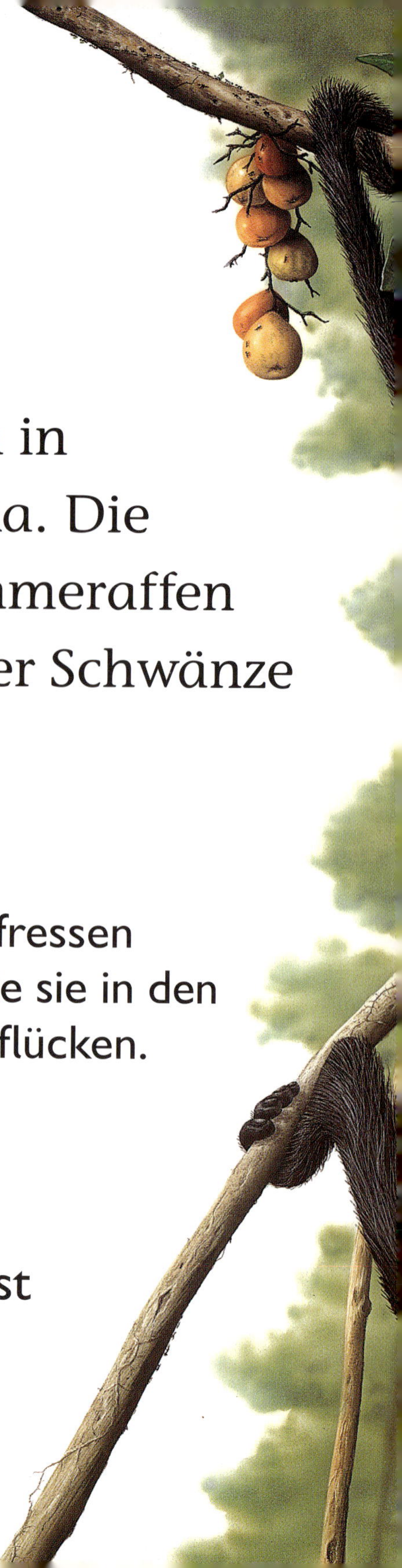

# Lange Arme

Orang-Utans leben in den Bäumen asiatischer Urwälder. Sie schwingen sich mit ihren Armen von Ast zu Ast.

Sie haben sehr lange Arme, kurze Beine und keinen Schwanz.

Orang-Utans haben kräftige Hände und Füße, mit denen sie Äste gut greifen können.

# Schwanzhänger

Diese drei ungewöhnlichen Tiere schlingen ihre Schwänze um Äste. Sie leben in Mittel- und Südamerika.

Baumstachler

Die Tiere hängen an ihren Schwänzen von den Ästen herunter und greifen mit den Händen nach Nahrung.

# Riesenmaul

Pythons können auch große Tiere ganz verschlucken. Sie umschlingen langsam ihre Beute und stülpen ihre Kiefer darüber.

Dieser Python verschlingt
ein ganzes Wildschwein!

# Nachts im Urwald

Viele Tiere werden erst nach Einbruch der Dunkelheit wach. Sie suchen am Boden nach Nahrung.

Der Tüpfelkuskus lebt in Bäumen. Er frisst Blätter, Obst, Eidechsen und Insekten.

# Quiz

Finde zu jedem Bild den passenden Tiernamen.

Orang-Utan

Paradiesvogel

Tukan

Tamandua

# Glossar

**Ara:** Ein bunter Papagei

**Beute:** Ein Tier, das von einem anderen Tier gejagt und gefressen wird

**Bromelie:** Eine Pflanzenart, die auf anderen Pflanzen oder Bäumen wächst

**Klaue:** Der harte, scharfe, gebogene Nagel eines Tieres

**Orang-Utan:** Ein großer Affe aus Asien

**Quetzal:** Ein Vogel mit einem langen, bunten Schwanz

**Setzling:** Eine kleine, neue Pflanze

**Tukan:** Ein schwarz-gelber Vogel mit einem langen, scharfen Schnabel

# Register